AF175150

Anna Lana

Vagina
WORTSUCHRÄTSEL
BUCH
für Erotik Fans

Einleitung

Auf den folgenden Seiten finden sich thematisch sortierte Wortsuchrätsel.

Um ein Wortsuchrätsel zu lösen, müssen alle jeweils aufgelisteten Worte in der darüber befindlichen Buchstabenmatrix gefunden werden. Ist ein Wort gefunden, sollte es mit einem Stift umkreist und das gefundene Wort aus der Liste gestrichen werden. Sind alle Worte aus der Liste gefunden, ist das Rätsel gelöst. Bei Schwierigkeiten ein Rätsel zu lösen, kann die Lösung jeweils auf der Rückseite nachgeschaut werden. Die zu findenden Worte sind jeweils als ganzes (d.h. immer nur in einer Richtung und ungebrochen) in der Matrix nach folgenden Regeln versteckt:

- Suchworte können sich überlagern, d.h. ein Buchstabenkästchen kann von mehreren Suchworten genutzt sein.

- Worte können vorwärts, rückwärts, horizontal, vertikal oder diagonal in der Matrix versteckt sein.

- Suchworte stehen für sich alleine und sind untereinander aufgelistet.

Bibliografische Information der Deutschen Nationalbibliothek: Die Deutsche Nationalbibliothek verzeichnet diese Publikation in der Deutschen Nationalbibliografie; detaillierte bibliografische Daten sind im Internet über http://dnb.dnb.de abrufbar.

© 2021 Anna Lana; 1. Auflage

Covergrafik, Texte & Illustrationen © 2021 Anna Lana

Herstellung und Verlag: BoD – Books on Demand, Norderstedt

ISBN: 9783754325186

```
E D M G B N O M I C X F M F I C D Z C R
H N B A Z F U C L N E D Y R E Q W L I V
A E W Z E Q T I N F K T O Q A N I B O W
C R M J J X K Y C L E O H F D S L B U F
F B E C M B U Q W V L Q Q B U V G V C B
S C M N C Z M P M O G N E I F D P I T E
W C O L Z L O L E V A X A V S M C V U Q
B A E R B D D A X R Y A I G G Q U B W F
B M A U S K E D A E L X F O N P R R A Z
B M O H X Z C G Q V M E Z Y S W K C U B
L C V A G I N A O T C A A O U J T T I M
V B M W J J T O D X Z X Y G U M R Q D P
H U M H F D F Q A D G K N Y R G G Y D Z
D L X J U E Z T F E Q L W I L J U P I N
Z F N T M V V N G D X H I I K G R S O K
N D L V U T S J R I G V Q V D N U G N C
H V Q U M G I P S C L U W J I V A G X G
V R U V N J S L P S O S I E D G D T Y H
C D Q K R P P I F B C G V L V J B Q P P
Y V J V L O Y V Z Q H D K B P V K L X H
```

VAGINA
LOCH
MAUS
PERLE
BAER
MUMU

Lösung

```
E  D  M  G  B  N  O  M  I  C  X  F  M  F  I  C  D  Z  C  R
H  N  B  A  Z  F  U  C  L  N  E  D  Y  R  E  Q  W  L  I  V
A  E  W  Z  E  Q  T  I  N  F  K  T  O  Q  A  N  I  B  O  W
C  R  M  J  J  X  K  Y  C  L  E  O  H  F  D  S  L  B  U  F
F  B  E  C  M  B  U  Q  W  V  L  Q  Q  B  U  V  G  V  C  B
S  C  M  N  C  Z  M  P  M  O  G  N  E  I  F  D  P  I  T  E
W  C  O  L  Z  L  O  L  E  V  A  X  A  V  S  M  C  V  U  Q
B  A  E  R  B  D  D  A  X  R  Y  A  I  G  G  Q  U  B  W  F
B  M  A  U  S  K  E  D  A  E  L  X  F  O  N  P  R  R  A  Z
B  M  O  H  X  Z  C  G  Q  V  M  E  Z  Y  S  W  K  C  U  B
L  C  V  A  G  I  N  A  O  T  C  A  A  O  U  J  T  T  I  M
V  B  M  W  J  J  T  O  D  X  Z  X  Y  G  U  M  R  Q  D  P
H  U  M  H  F  D  F  Q  A  D  G  K  N  Y  R  G  G  Y  D  Z
D  L  X  J  U  E  Z  T  F  E  Q  L  W  I  L  J  U  P  I  N
Z  F  N  T  M  V  V  N  G  D  X  H  I  I  K  G  R  S  O  K
N  D  L  V  U  T  S  J  R  I  G  V  Q  V  D  N  U  G  N  C
H  V  Q  U  M  G  I  P  S  C  L  U  W  J  I  V  A  G  X  G
V  R  U  V  N  J  S  L  P  S  O  S  I  E  D  G  D  T  Y  H
C  D  Q  K  R  P  P  I  F  B  C  G  V  L  V  J  B  Q  P  P
Y  V  J  V  L  O  Y  V  Z  Q  H  D  K  B  P  V  K  L  X  H
```

W	W	P	G	E	U	R	N	K	K	V	P	J	V	B	E	Y	T	W	Z
Q	L	Y	K	N	A	L	D	F	B	E	P	E	W	J	A	A	M	U	T
E	U	K	P	B	J	G	O	R	I	U	A	D	Y	Z	G	I	R	Z	C
A	A	F	E	B	K	S	L	T	Y	G	M	K	Y	I	M	X	D	O	T
L	W	Y	G	U	R	B	L	J	U	C	G	O	L	I	U	G	Q	I	J
W	X	K	B	L	O	C	G	C	U	S	Z	O	M	D	C	Y	J	Y	L
Q	Q	M	Y	A	O	D	A	Z	Z	T	Q	O	J	X	Q	H	M	B	O
E	Y	D	F	L	Z	X	B	E	T	Z	I	S	O	I	B	A	V	R	X
U	F	Q	T	N	B	M	R	F	L	B	O	H	S	G	F	D	S	G	R
O	S	A	L	I	N	C	H	E	I	N	Q	H	B	O	A	V	B	Q	Y
K	F	F	P	I	Y	B	O	O	Q	Z	P	X	O	H	H	F	U	L	E
C	U	K	A	E	T	Z	C	H	E	N	L	J	Q	Q	P	C	G	W	O
Y	T	A	N	E	X	V	G	P	L	U	K	G	Y	Q	J	E	S	T	I
K	N	Q	V	I	B	W	S	P	H	I	P	F	B	A	X	Z	Z	J	O
E	E	E	K	P	Z	U	N	V	J	U	W	V	I	A	Z	J	U	V	Z
E	E	F	E	I	G	E	Z	S	M	Y	N	M	A	K	F	Q	T	S	M
Y	H	V	Q	O	H	S	B	V	I	A	G	J	C	N	E	Z	C	B	C
Y	S	E	G	W	G	S	E	S	O	D	O	J	G	W	P	Z	Q	N	Q
W	R	W	D	X	C	B	Y	C	B	M	W	F	G	L	A	E	J	N	W
M	J	L	E	Q	D	S	K	H	M	U	Y	N	G	K	D	V	H	S	C

LOTUS
DOSE
KAETZCHEN
FEIGE
SCHOSS
MIMI

Lösung

```
W W P G E U R N K K V P J V B E Y T W Z
Q L Y K N A L D F B E P E W J A A M U T
E U K P B J G O R I U A D Y Z G I R Z C
A A F E B K S L T Y G M K Y I M X D O T
L W Y G U R B L J U C G O L I U G Q I J
W X K B L O C G C U S Z O M D C Y J Y L
Q Q M Y A O D A Z Z T Q O J X Q H M B O
E Y D F L Z X B E T Z I S O I B A V R X
U F Q T N B M R F L B O H S G F D S G R
O S A L I N C H E I N Q H B O A V B Q Y
K F F P I Y B O O Q Z P X O H H F U L E
C U K A E T Z C H E N L J Q Q P C G W O
Y T A N E X V G P L U K G Y Q J E S T I
K N Q V I B W S P H I P F B A X Z Z J O
E E E K P Z U N V J U W V I A Z J U V Z
E E F E I G E Z S M Y N M A K F Q T S M
Y H V Q O H S B V I A G J C N E Z C B C
Y S E G W G S E S O D O J G W P Z Q N Q
W R W D X C B Y C B M W F G L A E J N W
M J L E Q D S K H M U Y N G K D V H S C
```

```
M S H A I P R M D N H P G B T T K K G S
V N K F A E C Q U D K E B H V G S R Y Y
E H F T T D V G T S R B K J Y S Y Z T O
O F M P Q I Q B B J C E T Y F R T A N Q
I W R F X E Y X N W J H A B H E Z V I M
M B E L W H C P J F F F I S E H Y O L Y
R M A A R C R E Q E J H Y A J G P K N P
N N Q U I S C T I V I G A T Q A R L N F
M Z K M A K S C V I R U O X Q Y I W U X
O O Z E K I B E X S L C W K J V H T A V
E Q X F A X C G G Q R P Z T T Z O C N C
S U X Z S P U T Z A W R J R L N M E K Y
E M F F N Z A R E K G C K K O F Z D I P
Y U I I F S O N R S K G N X G T O I W E
B Q D F I J N U S O Q Q D O O F J B S N
V Q K H P V X A C P L A S F B U R O D U
J P Y A D J P J D A U W D D Z O P V G R
F B I W W Q D F L W I R L K L R H D B K
T U O U F L J U W L F T M V S L K T R O
X D Z J J Q K B K P G E B O M T U Z H D
```

PFLAUME

FUT

MUSCHI

FOTZE

MOESE

SCHEIDE

Lösung

```
M  S  H  A  I  P  R  M  D  N  H  P  G  B  T  T  K  K  G  S
V  N  K  F  A  E  C  Q  U  D  K  E  B  H  V  G  S  R  Y  Y
E  H  F  T  T  D  V  G  T  S  R  B  K  J  Y  S  Y  Z  T  O
O  F  M  P  Q  I  Q  B  B  J  C  E  T  Y  F  R  T  A  N  Q
I  W  R  F  X  E  Y  X  N  W  J  H  A  B  H  E  Z  V  I  M
M  B  E  L  W  H  C  P  J  F  F  F  I  S  E  H  Y  O  L  Y
R  M  A  A  R  C  R  E  Q  E  J  H  Y  A  J  G  P  K  N  P
N  N  Q  U  I  S  C  T  I  V  I  G  A  T  Q  A  R  L  N  F
M  Z  K  M  A  K  S  C  V  I  R  U  O  X  Q  I  W  U  X
O  O  Z  E  K  I  B  E  X  S  L  C  W  K  J  V  H  T  A  V
E  Q  X  F  A  X  C  G  G  Q  R  P  Z  T  T  Z  O  C  N  C
S  U  X  Z  S  P  U  T  Z  A  W  R  J  R  L  N  M  E  K  Y
E  M  F  F  N  Z  A  R  E  K  G  C  K  K  O  F  Z  D  I  P
Y  U  I  I  F  S  O  N  R  S  K  G  N  X  G  T  O  I  W  E
B  Q  D  F  I  J  N  U  S  O  Q  Q  D  O  O  F  J  B  S  N
V  Q  K  H  P  V  X  A  C  P  L  A  S  F  B  U  R  O  D  U
J  P  Y  A  D  J  P  J  D  A  U  W  D  D  Z  O  P  V  G  R
F  B  I  W  W  Q  D  F  L  W  I  R  L  K  L  R  H  D  B  K
T  U  O  U  F  L  J  U  W  L  F  T  M  V  S  L  K  T  R  O
X  D  Z  J  J  Q  K  B  K  P  G  E  B  O  M  T  U  Z  H  D
```

```
Q  X  T  F  G  U  I  G  V  D  W  W  S  G  L  H  F  B  G  Z
Q  L  M  G  Q  Z  A  S  O  Q  N  P  L  Z  B  M  B  A  I  T
C  U  R  N  C  S  D  J  S  V  U  N  K  F  F  K  P  R  J  U
U  H  J  W  T  S  V  Z  D  U  G  H  Q  R  T  J  Y  T  A  M
Q  F  M  N  E  D  D  X  E  H  P  B  K  C  X  E  C  I  C  R
Q  X  U  Q  K  Y  A  M  L  C  R  V  Y  K  A  L  V  S  X  R
B  T  A  U  N  O  U  G  H  Q  V  D  U  D  P  S  J  C  A  D
E  H  S  E  T  S  G  I  L  I  E  H  R  E  L  L  A  H  P  K
Z  D  R  N  K  B  F  Y  B  G  S  V  N  R  L  N  I  O  H  Z
X  R  B  S  A  P  A  K  J  I  W  D  K  Y  V  H  M  C  R  G
R  D  A  U  S  T  E  R  P  E  R  L  E  B  B  V  Z  K  O  L
B  T  T  J  M  K  B  T  C  P  T  Z  D  K  U  V  H  E  D  N
E  Q  O  T  N  F  L  X  N  G  G  X  N  O  J  H  K  A  I  M
N  V  N  S  X  A  C  Q  V  D  Y  R  O  Q  B  U  J  P  T  W
H  W  I  Z  P  Z  M  V  L  K  D  F  R  V  M  C  B  L  E  Q
X  E  B  S  C  V  W  Y  R  E  O  H  D  R  K  G  N  E  Z  H
U  O  Q  O  X  R  B  W  H  D  T  P  P  Y  N  P  G  W  B  X
A  V  Y  U  L  T  V  T  U  E  R  Z  E  K  F  Q  X  O  Y  S
N  M  H  H  U  S  D  M  S  R  R  N  Z  P  X  M  P  V  U  C
I  M  E  B  Z  R  J  E  A  H  H  G  N  Q  S  V  C  S  J  C
```

SPALT
PUSSI
ALLERHEILIGSTES
APHRODITE
ARTISCHOCKE
AUSTERPERLE

Lösung

Q	X	T	F	G	U	I	G	V	D	W	W	S	G	L	H	F	B	G	Z
Q	L	M	G	Q	Z	A	S	O	Q	N	P	L	Z	B	M	B	A	I	T
C	U	R	N	C	S	D	J	S	V	U	N	K	F	F	K	P	R	J	U
U	H	J	W	T	S	V	Z	D	U	G	H	Q	R	T	J	Y	T	A	M
Q	F	M	N	E	D	D	X	E	H	P	B	K	C	X	E	C	I	C	R
Q	X	U	Q	K	Y	A	M	L	C	R	V	Y	K	A	L	V	S	X	R
B	T	A	U	N	O	U	G	H	Q	V	D	U	D	P	S	J	C	A	D
E	H	S	E	T	S	G	I	L	I	E	H	R	E	L	L	A	H	P	K
Z	D	R	N	K	B	F	Y	B	G	S	V	N	R	L	N	I	O	H	Z
X	R	B	S	A	P	A	K	J	I	W	D	K	Y	V	H	M	C	R	G
R	D	A	U	S	T	E	R	P	E	R	L	E	B	B	V	Z	K	O	L
B	T	T	J	M	K	B	T	C	P	T	Z	D	K	U	V	H	E	D	N
E	Q	O	T	N	F	L	X	N	G	G	X	N	O	J	H	K	A	I	M
N	V	N	S	X	A	C	Q	V	D	Y	R	O	Q	B	U	J	P	T	W
H	W	I	Z	P	Z	M	V	L	K	D	F	R	V	M	C	B	L	E	Q
X	E	B	S	C	V	W	Y	R	E	O	H	D	R	K	G	N	E	Z	H
U	O	Q	O	X	R	B	W	H	D	T	P	P	Y	N	P	G	W	B	X
A	V	Y	U	L	T	V	T	U	E	R	Z	E	K	F	Q	X	O	Y	S
N	M	H	H	U	S	D	M	S	R	R	N	Z	P	X	M	P	V	U	C
I	M	E	B	Z	R	J	E	A	H	H	G	N	Q	S	V	C	S	J	C

```
L P Q X Y W X J U O C X X P R G M U Q Y
X P Z V R T C Z E W T H E J M W Z G D V
R P T O W G Z V T Q W N L H I O H T S M
B P O W R O C V F Q X W U E H C S O R B
B S A Q C Y C P R U L G W Z Y T M U Z X
Q L M S Z U Z V Q U S U M O Y D T W X R
R L U O D O J R F F T I Q V D P W I R N
K U T E X U H O B L U E T E N K E L C H
B D I C M A W V G H M J B X Q D L Q T N
N N Y Z Q C R U T I W T Z T D R Q V B S
E Y B X E K H Q F J Z Y I S Q C O C J T
Z C O F G H Q E L F E R O K U B E B D U
Z D U G E N I M N E Y V C N I R N W H V
E M S E U W V V Z W A N W S Q F U M A J
N P S W G K X T R D O A O T L T R A D D
F V E K X X K U Q Q N P V B R D Y S A L
R P T F A X P A L R R H M L N O L Y P E
R I T V X J J H S V P T R Q M O L Y H D
I Y A B R E E Q H A A K E A R C B Z N J
Z A Q I C V S W T Q O C G A T K K P E B
```

BLUEMCHEN
BLUETENKELCH
BONBON
BOUSSETTA
BROSCHE
DAPHNE

Lösung

```
L P Q X Y W X J U O C X X P R G M U Q Y
X P Z V R T C Z E W T H E J M W Z G D V
R P T O W G Z V T Q W N L H I O H T S M
B P O W R O C V F Q X W U E H C S O R B
B S A Q C Y C P R U L G W Z Y T M U Z X
Q L M S Z U Z V Q U S U M O Y D T W X R
R L U O D O J R F F T I Q V D P W I R N
K U T E X U H O B L U E T E N K E L C H
B D I C M A W V G H M J B X Q D L Q T N
N N Y Z Q C R U T I W T Z T D R Q V B S
E Y B X E K H Q F J Z Y I S Q C O C J T
Z C O F G H Q E L F E R O K U B E B D U
Z D U G E N I M N E Y V C N I R N W H V
E M S E U W V V Z W A N W S Q F U M A J
N P S W G K X T R D O A O T L T R A D D
F V E K X X K U Q Q N P V B R D Y S A L
R P T F A X P A L R R H M L N O L Y P E
R I T V X J J H S V P T R Q M O L Y H D
I Y A B R E E Q H A A K E A R C B Z N J
Z A Q I C V S W T Q O C G A T K K P E B
```

I	N	H	K	B	V	I	Y	B	P	O	A	F	D	M	T	X	K	F	X
Z	P	C	U	G	R	L	N	Z	V	R	F	U	Q	W	V	M	U	F	N
Z	I	B	Q	N	J	N	X	U	P	B	L	G	O	N	F	U	I	V	C
K	G	W	Y	Y	U	W	Z	J	N	F	A	V	P	K	I	F	O	K	I
H	O	H	D	O	E	S	C	H	E	N	P	A	F	M	W	D	B	B	N
X	P	Z	D	V	O	J	Y	Z	O	G	I	K	Y	O	T	Q	Y	Z	D
W	F	K	X	F	Y	C	N	C	L	O	I	H	O	W	I	U	L	W	Z
J	F	P	X	L	O	K	G	D	K	D	H	P	H	V	Q	O	V	P	K
X	R	G	M	Q	J	G	G	E	E	W	S	O	D	N	C	G	Q	L	B
N	A	K	H	J	X	P	U	E	A	A	Y	G	C	X	Y	N	Q	B	E
J	V	I	H	Q	B	K	D	J	W	G	S	Y	V	J	F	I	T	U	J
F	M	H	X	Q	H	I	H	P	Z	S	X	I	T	A	R	E	F	V	S
A	Y	T	B	E	H	D	E	B	S	A	H	S	R	D	O	V	Y	H	J
N	K	Y	H	C	R	Q	O	O	A	O	D	F	L	Z	U	I	Q	H	P
N	Q	I	R	I	X	U	R	Z	Z	O	A	V	M	D	R	R	V	K	F
Y	J	O	H	G	O	J	D	O	F	L	R	J	O	E	V	D	F	V	M
N	M	U	F	Q	T	A	U	N	L	I	I	B	C	R	T	D	K	Y	C
E	L	K	T	P	E	B	S	I	S	E	C	H	Q	Z	U	D	W	X	N
P	T	I	Z	Z	F	X	N	Q	Q	V	H	P	Z	T	O	J	L	S	Q
K	X	T	G	J	S	A	Q	B	K	M	F	N	O	X	V	L	H	X	R

DRIVEIN

DOESCHEN

DUREXIA

FANNY

FARFALLINA

ORCHIDEE

Lösung

I	N	H	K	B	V	I	Y	B	P	O	A	F	D	M	T	X	K	F	X
Z	P	C	U	G	R	L	N	Z	V	R	F	U	Q	W	V	M	U	F	N
Z	I	B	Q	N	J	N	X	U	P	B	L	G	O	N	F	U	I	V	C
K	G	W	Y	Y	U	W	Z	J	N	F	A	V	P	K	I	F	O	K	I
H	O	H	D	O	E	S	C	H	E	N	P	A	F	M	W	D	B	B	N
X	P	Z	D	V	O	J	Y	Z	O	G	I	K	Y	O	T	Q	Y	Z	D
W	F	K	X	F	Y	C	N	C	L	O	I	H	O	W	I	U	L	W	Z
J	F	P	X	L	O	K	G	D	K	D	H	P	H	V	Q	O	V	P	K
X	R	G	M	Q	J	G	G	E	E	W	S	O	D	N	C	G	Q	L	B
N	A	K	H	J	X	P	U	E	A	A	Y	G	C	X	Y	N	Q	B	E
J	V	I	H	Q	B	K	D	J	W	G	S	Y	V	J	F	I	T	U	J
F	M	H	X	Q	H	I	H	P	Z	S	X	I	T	A	R	E	F	V	S
A	Y	T	B	E	H	D	E	B	S	A	H	S	R	D	O	V	Y	H	J
N	K	Y	H	C	R	Q	O	O	A	O	D	F	L	Z	U	I	Q	H	P
N	Q	I	R	I	X	U	R	Z	Z	O	A	V	M	D	R	R	V	K	F
Y	J	O	H	G	O	J	D	O	F	L	R	J	O	E	V	D	F	V	M
N	M	U	F	Q	T	A	U	N	L	I	I	B	C	R	T	D	K	Y	C
E	L	K	T	P	E	B	S	I	S	E	C	H	Q	Z	U	D	W	X	N
P	T	I	Z	Z	F	X	N	Q	Q	V	H	P	Z	T	O	J	L	S	Q
K	X	T	G	J	S	A	Q	B	K	M	F	N	O	X	V	L	H	X	R

```
B  L  Z  M  U  K  D  V  P  V  C  T  H  C  W  K  X  Z  F  U
G  V  G  H  G  P  U  E  M  H  F  Y  O  K  V  K  E  L  C  H
Z  N  B  T  S  U  K  Q  Z  F  T  V  N  W  P  M  H  V  R  H
W  Y  P  C  T  O  P  S  T  O  H  S  I  W  G  S  G  G  Z  L
F  Y  O  Q  G  M  G  D  U  K  M  H  G  S  C  F  Q  H  Q  E
R  P  Z  O  O  W  S  W  Q  U  G  M  T  U  K  D  A  N  M  M
W  Y  N  K  G  A  G  O  C  G  F  D  O  A  M  E  N  U  M  O
D  T  O  N  M  H  O  N  E  Y  Q  U  E  M  L  G  P  R  S  K
X  J  Y  G  V  Z  V  C  Y  H  U  T  P  Z  I  L  A  F  K  A
C  Z  A  O  V  X  N  U  T  P  Z  W  F  D  V  U  H  M  N  H
L  K  K  A  V  H  U  O  Z  C  A  M  C  L  E  S  T  L  Q  Q
W  B  N  Y  K  U  R  V  H  J  C  E  H  R  E  D  J  S  E  T
T  Q  P  V  J  L  I  E  E  R  L  C  E  J  R  W  L  Z  Q  B
T  R  K  N  G  S  N  K  M  Z  H  Y  N  G  T  L  U  O  F  I
L  G  F  C  T  J  H  I  A  M  N  P  A  Q  L  W  Z  J  R  M
U  R  U  A  U  D  A  F  U  R  P  P  D  P  Y  O  T  C  Y  H
Q  K  S  Q  A  H  P  T  B  N  F  D  O  R  L  M  S  Y  X  F
R  D  G  Y  D  G  E  H  W  X  B  X  C  B  Q  K  K  V  O  E
C  Q  U  S  I  M  Z  Y  Q  Q  K  D  N  G  S  K  W  J  E  O
A  M  E  Y  T  N  W  P  X  T  K  U  E  Z  Q  T  H  S  J  F
```

HONEY
HONIGTOEPFCHEN
HOTSPOT
JUWEL
KAETZCHEN
KELCH

Lösung

B	L	Z	M	U	K	D	V	P	V	C	T	H	C	W	K	X	Z	F	U
G	V	G	H	G	P	U	E	M	H	F	Y	O	K	V	K	E	L	C	H
Z	N	B	T	S	U	K	Q	Z	F	T	V	N	W	P	M	H	V	R	H
W	Y	P	C	T	O	P	S	T	O	H	S	I	W	G	S	G	G	Z	L
F	Y	O	Q	G	M	G	D	U	K	M	H	G	S	C	F	Q	H	Q	E
R	P	Z	O	O	W	S	W	Q	U	G	M	T	U	K	D	A	N	M	M
W	Y	N	K	G	A	O	C	G	F	D	O	A	M	E	N	U	M	O
D	T	O	N	M	H	O	N	E	Y	Q	U	E	M	L	G	P	R	S	K
X	J	Y	G	V	Z	V	C	Y	H	U	T	P	Z	I	L	A	F	K	A
C	Z	A	O	V	X	N	U	T	P	Z	W	F	D	V	U	H	M	N	H
L	K	K	A	V	H	U	O	Z	C	A	M	C	L	E	S	T	L	Q	Q
W	B	N	Y	K	U	R	V	H	J	C	E	H	R	E	D	J	S	E	T
T	Q	P	V	J	L	I	E	E	R	L	C	E	J	R	W	L	Z	Q	B
T	R	K	N	G	S	N	K	M	Z	H	Y	N	G	T	L	U	O	F	I
L	G	F	C	T	J	H	I	A	M	N	P	A	Q	L	W	Z	J	R	M
U	R	U	A	U	D	A	F	U	R	P	P	D	P	Y	O	T	C	Y	H
Q	K	S	Q	A	H	P	T	B	N	F	D	O	R	L	M	S	Y	X	F
R	D	G	Y	D	G	E	H	W	X	B	X	C	B	Q	K	K	V	O	E
C	Q	U	S	I	M	Z	Y	Q	Q	K	D	N	G	S	K	W	J	E	O
A	M	E	Y	T	N	W	P	X	T	K	U	E	Z	Q	T	H	S	J	F

16

```
O S C Q B H A V D G M N L W B U W M W A
L I E B E S S C H O T T I G P U J Q S W
Q Z R N U D L Q X A V G J I X T C C S W
F Z C W O S N S B I Q O W I Q X V J L X
K C V G J V F P O K N E K C O L X N G P
I B S T M F U T A D B M Y D T P D C U C
G K A G U T S E N S E B E I L D S L D O
C E K J X V L N V X Q B O B Y A B X R X
K M L S P Z L N D G G H P E P M W F W E
Q K Q H F N E H C R E U T P P A L K O W
L C T G E V F L Q X U S S D B N Q E F P
R Q Z A Z O X U P P L K Y Z O Z N B O C
Y S W B T K H U K R N K I W L A L U N E
W G V Q D T P S A R C C O I J Q K Q T Q
A F E L S C W A E T L I P D S D K G K Z
E Z Z F G S I U K B J B M X P X H Z Y Z
W D O W X X O P B H E H Q M C U K J F T
S G S S H Y L H G S I I R Z B M O Q B U
L X N U C K V Q V D B F L M E B H U R W
K R A B D L D H O L V T O M A Y C E F Y
```

KLAPPTUERCHEN

LOCKENKOPF

LALUNE

LIEBESHOEHLE

LIEBESNEST

LIEBESSCHOTT

Lösung

```
O  S  C  Q  B  H  A  V  D  G  M  N  L  W  B  U  W  M  W  A
L  I  E  B  E  S  S  C  H  O  T  T  I  G  P  U  J  Q  S  W
Q  Z  R  N  U  D  L  Q  X  A  V  G  J  I  X  T  C  C  S  W
F  Z  C  W  O  S  N  S  B  I  Q  O  W  I  Q  X  V  J  L  X
K  C  V  G  J  V  F  P  O  K  N  E  K  C  O  L  X  N  G  P
I  B  S  T  M  F  U  T  A  D  B  M  Y  D  T  P  D  C  U  C
G  K  A  G  U  T  S  E  N  S  E  B  E  I  L  D  S  L  D  O
C  E  K  J  X  V  L  N  V  X  Q  B  O  B  Y  A  B  X  R  X
K  M  L  S  P  Z  L  N  D  G  G  H  P  E  P  M  W  F  W  E
Q  K  Q  H  F  N  E  H  C  R  E  U  T  P  P  A  L  K  O  W
L  C  T  G  E  V  F  L  Q  X  U  S  S  D  B  N  Q  E  F  P
R  Q  Z  A  Z  O  X  U  P  P  L  K  Y  Z  O  Z  N  B  O  C
Y  S  W  B  T  K  H  U  K  R  N  K  I  W  L  A  L  U  N  E
W  G  V  Q  D  T  P  S  A  R  C  C  O  I  J  Q  K  Q  T  Q
A  F  E  L  S  C  W  A  E  T  L  I  P  D  S  D  K  G  K  Z
E  Z  Z  F  G  S  I  U  K  B  J  B  M  X  P  X  H  Z  Y  Z
W  D  O  W  X  X  O  P  B  H  E  H  Q  M  C  U  K  J  F  T
S  G  S  S  H  Y  L  H  G  S  I  I  R  Z  B  M  O  Q  B  U
L  X  N  U  C  K  V  Q  V  D  B  F  L  M  E  B  H  U  R  W
K  R  A  B  D  L  D  H  O  L  V  T  O  M  A  Y  C  E  F  Y
```

```
H  Q  K  Y  Z  A  B  G  V  O  S  J  W  K  A  Z  C  N  X  V
A  M  G  V  Z  X  T  T  H  N  G  L  N  E  E  Q  J  R  F  Z
Q  A  B  B  F  Y  D  Y  F  W  W  O  D  T  U  Z  W  S  O  A
G  S  Y  W  I  H  P  B  A  Q  S  J  E  A  E  W  D  U  R  C
I  N  E  F  S  F  C  Y  X  F  V  E  A  R  T  I  Q  L  L  Y
M  D  A  E  H  Y  H  N  C  L  H  P  N  P  T  V  H  I  R  Q
T  I  D  A  M  X  F  T  W  V  S  N  T  B  L  E  R  K  X  L
N  Q  F  A  M  Y  J  G  W  I  Q  R  V  D  E  O  B  A  M  I
C  Q  F  Y  Z  L  C  P  W  A  V  T  Z  M  N  C  J  D  P  E
W  Y  U  Y  C  F  B  Z  V  O  B  Q  U  H  D  A  X  F  X  B
L  O  T  U  S  S  E  L  O  T  U  S  B  L  U  E  T  E  B  E
A  I  T  T  W  E  A  G  A  M  L  H  D  X  P  B  Q  I  L  S
C  N  J  N  V  F  U  O  N  L  Z  X  P  Q  Q  X  A  S  Z  S
L  U  U  L  I  C  P  Q  I  Z  T  Z  D  T  G  Z  H  B  O  P
O  Q  Z  L  Z  T  Y  D  N  W  V  B  Z  N  L  M  S  N  V  A
L  J  R  H  I  S  W  I  V  Y  F  D  P  A  M  Y  H  M  Y  L
L  Q  K  J  X  R  A  E  L  P  U  K  T  V  U  Q  Z  Y  T  T
Y  N  E  T  R  A  G  T  S  U  L  Q  Z  E  X  Y  M  G  E  E
V  V  G  R  W  S  S  Y  G  Z  J  U  K  I  A  F  M  T  R  D
W  Y  G  C  B  U  Q  C  W  K  Z  W  S  O  E  Q  W  Z  U  A
```

LIEBESSPALTE
LOLLY
LOTUS
LOTUSBLUETE
LUNA
LUSTGARTEN

Lösung

```
H  Q  K  Y  Z  A  B  G  V  O  S  J  W  K  A  Z  C  N  X  V
A  M  G  V  Z  X  T  T  H  N  G  L  N  E  E  Q  J  R  F  Z
Q  A  B  B  F  Y  D  Y  F  W  W  O  D  T  U  Z  W  S  O  A
G  S  Y  W  I  H  P  B  A  Q  S  J  E  A  E  W  D  U  R  C
I  N  E  F  S  F  C  Y  X  F  V  E  A  R  T  I  Q  L  L  Y
M  D  A  E  H  Y  H  N  C  L  H  P  N  P  T  V  H  I  R  Q
T  I  D  A  M  X  F  T  W  V  S  N  T  B  L  E  R  K  X  L
N  Q  F  A  M  Y  J  G  W  I  Q  R  V  D  E  O  B  A  M  I
C  Q  F  Y  Z  L  C  P  W  A  V  T  Z  M  N  C  J  D  P  E
W  Y  U  Y  C  F  B  Z  V  O  B  Q  U  H  D  A  X  F  X  B
L  O  T  U  S  S  E  L  O  T  U  S  B  L  U  E  T  E  B  E
A  I  T  T  W  E  A  G  A  M  L  H  D  X  P  B  Q  I  L  S
C  N  J  N  V  F  U  O  N  L  Z  X  P  Q  Q  X  A  S  Z  S
L  U  U  L  I  C  P  Q  I  Z  T  Z  D  T  G  Z  H  B  O  P
O  Q  Z  L  Z  T  Y  D  N  W  V  B  Z  N  L  M  S  N  V  A
L  J  R  H  I  S  W  I  V  Y  F  D  P  A  M  Y  H  M  Y  L
L  Q  K  J  X  R  A  E  L  P  U  K  T  V  U  Q  Z  Y  T  T
Y  N  E  T  R  A  G  T  S  U  L  Q  Z  E  X  Y  M  G  E  E
V  V  G  R  W  S  S  Y  G  Z  J  U  K  I  A  F  M  T  R  D
W  Y  G  C  B  U  Q  C  W  K  Z  W  S  O  E  Q  W  Z  U  A
```

```
T  Q  L  T  H  A  P  P  L  F  J  W  C  P  I  C  V  G  Q  X
S  B  C  N  V  R  Y  J  W  F  I  R  B  U  D  M  V  I  A  J
S  E  D  B  I  L  A  S  A  O  D  C  O  T  J  C  A  B  N  T
E  O  R  H  P  X  G  E  J  U  M  Q  V  A  D  R  E  B  W  E
V  U  U  Y  B  G  W  P  M  Z  G  G  W  R  O  D  F  B  W  F
N  N  U  V  A  O  H  E  A  T  Z  H  V  I  T  Q  Z  H  G  G
J  V  Y  M  I  X  O  M  C  E  M  S  B  P  F  M  X  J  J  Q
N  I  Z  R  N  I  K  I  T  A  W  C  A  T  B  C  F  O  E  X
U  Y  B  E  D  D  P  Y  D  L  N  M  Y  E  H  G  B  Z  U  V
A  E  N  H  U  I  U  D  R  K  P  L  F  N  F  N  G  Y  H  T
E  A  Z  W  J  Z  Y  O  Z  E  U  V  U  Y  J  Q  I  A  L  S
D  T  U  H  T  J  T  L  L  S  H  M  P  H  D  G  V  N  B  I
M  X  G  J  H  F  O  M  T  L  U  W  O  J  C  R  L  R  C  Q
I  L  R  W  K  D  U  G  L  M  P  Y  M  W  S  O  Z  I  O  A
Y  U  J  G  B  S  R  E  J  B  Y  H  X  U  P  E  Y  H  D  O
D  U  G  X  E  O  I  K  X  H  K  E  L  L  N  Q  L  E  M  H
L  K  Y  C  T  B  B  K  A  C  X  M  W  Y  C  B  N  K  W  W
J  C  G  T  I  P  B  Z  I  R  L  B  O  N  B  Y  B  D  N  T
L  D  E  D  X  W  C  U  G  L  E  H  C  S  U  M  N  Y  G  E
P  A  C  R  D  J  F  E  X  G  Y  I  Z  G  R  Q  E  E  M  N
```

LUSTGROTTE
MUMU
MUSCHEL
NIKITA
NUVA
PAMPELMUSE

21

Lösung

```
T  Q  L  T  H  A  P  P  L  F  J  W  C  P  I  C  V  G  Q  X
S  B  C  N  V  R  Y  J  W  F  I  R  B  U  D  M  V  I  A  J
S  E  D  B  I  L  A  S  A  O  D  C  O  T  J  C  A  B  N  T
E  O  R  H  P  X  G  E  J  U  M  Q  V  A  D  R  E  B  W  E
V  U  U  Y  B  G  W  P  M  Z  G  G  W  R  O  D  F  B  W  F
N  N  U  V  A  O  H  E  A  T  Z  H  V  I  T  Q  Z  H  G  G
J  V  Y  M  I  X  O  M  C  E  M  S  B  P  F  M  X  J  J  Q
N  I  Z  R  N  I  K  I  T  A  W  C  A  T  B  C  F  O  E  X
U  Y  B  E  D  D  P  Y  D  L  N  M  Y  E  H  G  B  Z  U  V
A  E  N  H  U  I  U  D  R  K  P  L  F  N  F  N  G  Y  H  T
E  A  Z  W  J  Z  Y  O  Z  E  U  V  U  Y  J  Q  I  A  L  S
D  T  U  H  T  J  T  L  L  S  H  M  P  H  D  G  V  N  B  I
M  X  G  J  H  F  O  M  T  L  U  W  O  J  C  R  L  R  C  Q
I  L  R  W  K  D  U  G  L  M  P  Y  M  W  S  O  Z  I  O  A
Y  U  J  G  B  S  R  E  J  B  Y  H  X  U  P  E  Y  H  D  O
D  U  G  X  E  O  I  K  X  H  K  E  L  L  N  Q  L  E  M  H
L  K  Y  C  T  B  B  K  A  C  X  M  W  Y  C  B  N  K  W  W
J  C  G  T  I  P  B  Z  I  R  L  B  O  N  B  Y  B  D  N  T
L  D  E  D  X  W  C  U  G  L  E  H  C  S  U  M  N  Y  G  E
P  A  C  R  D  J  F  E  X  G  Y  I  Z  G  R  Q  E  E  M  N
```

22

```
W  L  L  D  H  B  O  J  P  R  S  B  A  B  P  M  Z  B  O  Y
M  E  L  I  H  R  C  D  V  Y  B  J  Z  T  G  A  P  E  W  I
H  C  I  S  R  I  F  P  U  X  R  S  I  T  L  F  J  H  N  N
T  W  O  M  S  U  Z  F  W  I  I  T  L  Z  I  N  A  N  U  P
N  M  V  T  U  H  B  X  E  F  T  L  Y  H  O  T  E  U  Y  E
P  Q  U  A  L  I  T  Y  S  T  R  E  E  T  G  N  D  C  O  S
U  G  Y  A  N  T  P  D  Z  A  Y  Z  F  X  Y  D  L  V  P  W
Y  Y  S  R  L  N  J  G  A  W  O  O  F  F  E  K  T  N  P  A
F  Z  O  U  V  B  P  R  L  Z  R  C  Z  F  K  G  E  C  O  T
T  D  M  W  M  G  P  D  F  I  E  G  M  L  Q  H  D  L  V  S
F  C  T  D  C  J  N  U  H  Q  V  N  M  H  C  X  U  E  X  F
C  L  R  A  E  P  K  Y  K  W  S  W  N  M  S  R  Z  V  K  Z
E  D  U  K  K  E  B  M  G  L  V  X  U  E  Y  A  R  B  N  N
L  I  T  S  E  S  V  G  N  N  O  E  L  Y  H  X  R  Z  K  G
P  W  Q  C  E  M  N  Y  V  D  A  Z  I  B  Q  V  P  B  L  B
V  L  D  W  G  C  P  Y  I  L  E  T  C  H  N  C  M  D  M  G
G  L  I  R  L  Y  L  F  F  X  S  U  H  J  C  Y  R  T  X  Z
H  M  X  G  C  K  Y  P  O  J  W  W  N  L  L  D  F  Z  Z  C
Q  O  U  S  F  A  X  J  F  E  D  J  F  B  M  M  C  T  V  D
N  V  M  B  C  L  J  G  Z  W  L  I  F  P  F  L  A  U  M  E
```

PEARL
PFIRSICH
PFLAUME
PFLAEUMCHEN
PUNANI
QUALITYSTREET

Lösung

```
W  L  L  D  H  B  O  J  P  R  S  B  A  B  P  M  Z  B  O  Y
M  E  L  I  H  R  C  D  V  Y  B  J  Z  T  G  A  P  E  W  I
H  C  I  S  R  I  F  P  U  X  R  S  I  T  L  F  J  H  N  N
T  W  O  M  S  U  Z  F  W  I  I  T  L  Z  I  N  A  N  U  P
N  M  V  T  U  H  B  X  E  F  T  L  Y  H  O  T  E  U  Y  E
P  Q  U  A  L  I  T  Y  S  T  R  E  E  T  G  N  D  C  O  S
U  G  Y  A  N  T  P  D  Z  A  Y  Z  F  X  Y  D  L  V  P  W
Y  Y  S  R  L  N  J  G  A  W  O  O  F  F  E  K  T  N  P  A
F  Z  O  U  V  B  P  R  L  Z  R  C  Z  F  K  G  E  C  O  T
T  D  M  W  M  G  P  D  F  I  E  G  M  L  Q  H  D  L  V  S
F  C  T  D  C  J  N  U  H  Q  V  N  M  H  C  X  U  E  X  F
C  L  R  A  E  P  K  Y  K  W  S  W  N  M  S  R  Z  V  K  Z
E  D  U  K  K  E  B  M  G  L  V  X  U  E  Y  A  R  B  N  N
L  I  T  S  E  S  V  G  N  N  O  E  L  Y  H  X  R  Z  K  G
P  W  Q  C  E  M  N  Y  V  D  A  Z  I  B  Q  V  P  B  L  B
V  L  D  W  G  C  P  Y  I  L  E  T  C  H  N  C  M  D  M  G
G  L  I  R  L  Y  L  F  F  X  S  U  H  J  C  Y  R  T  X  Z
H  M  X  G  C  K  Y  P  O  J  W  W  N  L  L  D  F  Z  Z  C
Q  O  U  S  F  A  X  J  F  E  D  J  F  B  M  M  C  T  V  D
N  V  M  B  C  L  J  G  Z  W  L  I  F  P  F  L  A  U  M  E
```

H	P	P	G	V	V	Z	C	F	H	E	U	L	P	F	N	X	H	R	Y
D	R	X	W	I	C	U	U	X	H	K	B	Z	O	W	M	J	I	P	U
J	G	K	M	B	C	J	H	J	K	D	C	A	X	H	Q	N	C	K	K
Q	U	C	B	X	K	M	B	W	D	L	Q	H	O	O	G	D	K	V	W
J	B	M	G	P	M	F	A	Y	G	E	B	C	Z	E	Q	Y	K	J	N
W	R	E	R	K	W	X	W	W	V	D	I	C	L	W	X	H	G	H	N
Q	S	L	J	I	C	I	Q	S	H	Q	H	I	S	H	V	P	U	B	G
Q	X	F	R	J	Z	E	D	K	R	Z	N	D	E	Z	Z	Z	C	G	M
K	X	W	U	T	H	Q	Q	Q	B	G	E	L	O	R	N	Y	Z	A	I
X	V	A	S	P	K	E	T	D	J	W	O	S	Z	N	M	T	G	Z	K
J	S	T	F	I	S	C	H	A	T	U	L	L	E	X	I	M	C	E	R
R	J	T	B	T	K	D	Z	W	C	J	P	D	B	T	J	T	R	A	G
J	F	C	S	C	H	M	U	C	K	K	A	E	S	T	C	H	E	N	H
T	S	U	E	D	P	O	L	B	Q	R	H	D	T	W	E	O	Z	A	V
G	L	Q	Y	A	S	M	O	U	A	G	B	B	D	M	A	I	U	S	N
S	H	F	B	X	D	O	X	Y	F	Q	T	O	B	U	O	M	S	H	J
S	C	W	F	R	T	R	O	S	E	N	B	L	U	E	T	E	H	Y	Q
I	S	W	E	E	T	Y	A	Z	N	L	W	E	X	V	D	F	N	A	K
P	B	Q	I	A	T	Y	D	L	L	G	P	N	T	A	Y	O	W	F	O
F	Z	W	D	D	B	I	X	L	W	I	U	A	A	S	L	T	L	X	B

RINGELING
ROSENBLUETE
SCHATULLE
SCHMUCKKAESTCHEN
SUEDPOL
SWEETY

Lösung

H	P	P	G	V	V	Z	C	F	H	E	U	L	P	F	N	X	H	R	Y
D	R	X	W	I	C	U	U	X	H	K	B	Z	O	W	M	J	I	P	U
J	G	K	M	B	C	J	H	J	K	D	C	A	X	H	Q	N	C	K	K
Q	U	C	B	X	K	M	B	W	D	L	Q	H	O	O	G	D	K	V	W
J	B	M	G	P	M	F	A	Y	G	E	B	C	Z	E	Q	Y	K	J	N
W	R	E	R	K	W	X	W	W	V	D	I	C	L	W	X	H	G	H	N
Q	S	L	J	I	C	I	Q	S	H	Q	H	I	S	H	V	P	U	B	G
Q	X	F	R	J	Z	E	D	K	R	Z	N	D	E	Z	Z	Z	C	G	M
K	X	W	U	T	H	Q	Q	Q	B	G	E	L	O	R	N	Y	Z	A	I
X	V	A	S	P	K	E	T	D	J	W	O	S	Z	N	M	T	G	Z	K
J	S	T	F	I	S	C	H	A	T	U	L	L	E	X	I	M	C	E	R
R	J	T	B	T	K	D	Z	W	C	J	P	D	B	T	J	T	R	A	G
J	F	C	S	C	H	M	U	C	K	K	A	E	S	T	C	H	E	N	H
T	S	U	E	D	P	O	L	B	Q	R	H	D	T	W	E	O	Z	A	V
G	L	Q	Y	A	S	M	O	U	A	G	B	B	D	M	A	I	U	S	N
S	H	F	B	X	D	O	X	Y	F	Q	T	O	B	U	O	M	S	H	J
S	C	W	F	R	T	R	O	S	E	N	B	L	U	E	T	E	H	Y	Q
I	S	W	E	E	T	Y	A	Z	N	L	W	E	X	V	D	F	N	A	K
P	B	Q	I	A	T	Y	D	L	L	G	P	N	T	A	Y	O	W	F	O
F	Z	W	D	D	B	I	X	L	W	I	U	A	A	S	L	T	L	X	B

```
D V U J Q P Q L M O D E T Y P R Z D I Z
K Y P U L V W E A E O T W T E W U I D Q
J E Q O U W Q N F P X T R E I H D N F P
R Z U P A Q D N L M H O V H F B P N Q E
M T F Q P A R U B Z Z R B V M E U C X S
N I F Y W G P T O D U G F I B E J U Q Z
G R B A M M C S M S C R U H W B E M T B
M R M H C O K E W S K E W A B Y N A E C
A E I E D O X B N N E B X E E S Y W Z K
B B S O V Y L E Y M R U F Q I B Q Q L Q
C U J Z S K B I W N S A R N C Z G E L Q
P A I F J T Y L M N C Z O N V I J J Q W
N Z K N X E M G L W H Y Z O Y Q P N W D
C Z P Q Z K A C V E N U S F A L L E S U
E C V M E P B J V O E C U T D C P M F O
K Y E O R Z B L Z Q C L O G P R A F G Y
D A S U K Q D F N O K Y C X P A C S Z L
U X O S I N J L E Q E J Z W Q I W L N U
T U L Y S V V T K K S M N W X U A O E A
Q L P A W C K R C H A A F S X S H D N A
```

LIEBESTUNNEL

VENUSFALLE

YONI

ZAUBERGROTTE

ZAUBERRITZE

ZUCKERSCHNECKE

Lösung

D	V	U	J	Q	P	Q	L	M	O	D	E	T	Y	P	R	Z	D	I	Z
K	Y	P	U	L	V	W	E	A	E	O	T	W	T	E	W	U	I	D	Q
J	E	Q	O	U	W	Q	N	F	P	X	T	R	E	I	H	D	N	F	P
R	Z	U	P	A	Q	D	N	L	M	H	O	V	H	F	B	P	N	Q	E
M	T	F	Q	P	A	R	U	B	Z	Z	R	B	V	M	E	U	C	X	S
N	I	F	Y	W	G	P	T	O	D	U	G	F	I	B	E	J	U	Q	Z
G	R	B	A	M	M	C	S	M	S	C	R	U	H	W	B	E	M	T	B
M	R	M	H	C	O	K	E	W	S	K	E	W	A	B	Y	N	A	E	C
A	E	I	E	D	O	X	B	N	N	E	B	X	E	E	S	Y	W	Z	K
B	B	S	O	V	Y	L	E	Y	M	R	U	F	Q	I	B	Q	Q	L	Q
C	U	J	Z	S	K	B	I	W	N	S	A	R	N	C	Z	G	E	L	Q
P	A	I	F	J	T	Y	L	M	N	C	Z	O	N	V	I	J	J	Q	W
N	Z	K	N	X	E	M	G	L	W	H	Y	Z	O	Y	Q	P	N	W	D
C	Z	P	Q	Z	K	A	C	V	E	N	U	S	F	A	L	L	E	S	U
E	C	V	M	E	P	B	J	V	O	E	C	U	T	D	C	P	M	F	O
K	Y	E	O	R	Z	B	L	Z	Q	C	L	O	G	P	R	A	F	G	Y
D	A	S	U	K	Q	D	F	N	O	K	Y	C	X	P	A	C	S	Z	L
U	X	O	S	I	N	J	L	E	Q	E	J	Z	W	Q	I	W	L	N	U
T	U	L	Y	S	V	V	T	K	K	S	M	N	W	X	U	A	O	E	A
Q	L	P	A	W	C	K	R	C	H	A	A	F	S	X	S	H	D	N	A

28

```
L B I F H Y O G Z Z Y H T L S W M H T K
E T K C D S P P E J U W S D K S H Y I G
G G F M J L L W U D R W C Q J Z K S Q R
I H F U S I N R O Y U C L M W H T W M T
R W B H R A B A E R E N H O E H L E X A
E T J I J G Q A D Y I R L T Z B T W Y O
T G L O E K N X J H X F T J N F H V G E
Z N B C W J X E Z T U C U C E I Q S J O
T K F F Z Y O X I T V I D U S I G L I N
A P X U I S O C G L H J C T P H Y M B L
L W U X O J U E K U I H E G Q J F M L Z
P R Z U H D N M S A T M B B B T X P E X
E O B R Q I Q L N B B W A I I R G N Z Z
G X V G T X Q A I Y X O V F H U D V T Z
F Y L A Q L F O Z G E S A K K V A P O A
U D L G B J T T F M Q O B V H H I J F Y
A   B Z Q O D K L K L N M K R N V Q O V
D W T S P R J P B L P T P C Q E R D I N
M I B O U O H W U R C N J R A K R V Z S
G V J C K E T F J P A M U Y A B V D G P
```

AUFGEPLATZTERIGEL
FOTZE
FUTGENITAL
BAERENHOEHLE
FAMILIENGRUFT
FEUCHTBIOTOP

Lösung

L	B	I	F	H	Y	O	G	Z	Z	Y	H	T	L	S	W	M	H	T	K
E	T	K	C	D	S	P	P	E	J	U	W	S	D	K	S	H	Y	I	G
G	G	F	M	J	L	L	W	U	D	R	W	C	Q	J	Z	K	S	Q	R
I	H	F	U	S	I	N	R	O	Y	U	C	L	M	W	H	T	W	M	T
R	W	B	H	R	A	B	A	E	R	E	N	H	O	E	H	L	E	X	A
E	T	J	I	J	G	Q	A	D	Y	I	R	L	T	Z	B	T	W	Y	O
T	G	L	O	E	K	N	X	J	H	X	F	T	J	N	F	H	V	G	E
Z	N	B	C	W	J	X	E	Z	T	U	C	U	C	E	I	Q	S	J	O
T	K	F	F	Z	Y	O	X	I	T	V	I	D	U	S	I	G	L	I	N
A	P	X	U	I	S	O	C	G	L	H	J	C	T	P	H	Y	M	B	L
L	W	U	X	O	J	U	E	K	U	I	H	E	G	Q	J	F	M	L	Z
P	R	Z	U	H	D	N	M	S	A	T	M	B	B	B	T	X	P	E	X
E	O	B	R	Q	I	Q	L	N	B	B	W	A	I	I	R	G	N	Z	Z
G	X	V	G	T	X	Q	A	I	Y	X	O	V	F	H	U	D	V	T	Z
F	Y	L	A	Q	L	F	O	Z	G	E	S	A	K	K	V	A	P	O	A
U	D	L	G	B	J	T	T	F	M	Q	O	B	V	H	H	I	J	F	Y
A	B	Z	Q	O	D	K	L	K	L	N	M	K	R	N	V	Q	O	V	
D	W	T	S	P	R	J	P	B	L	P	T	P	C	Q	E	R	D	I	N
M	I	B	O	U	O	H	W	U	R	C	N	J	R	A	K	R	V	Z	S
G	V	J	C	K	E	T	F	J	P	A	M	U	Y	A	B	V	D	G	P

```
W M S L U N M H X L B Z A T F I O G T R
O O A C Z Q I X F D G O H Y O X V R T G
M N S S F W A H C J C A V E S K Q L T D
E C Q A T V D I Z P P A B T R Z K Y F D
F I S C H D O S E P O A G H N S Z J R F
N T Y S P S W V F I C K G R O T T E Z N
F I C K S C H L I T Z I O L B L S V L G
O F Q J Y D G J U W A N R E N A O C I T
P R I B F P C D H K X O N R G I R B W F
Y L K P B Y N G N D O M Z L Z Y C Y U R
U C N L D K D S E S K R U G W E C I F J
J N W F L E I S C H T A S C H E O P H T
Q W O Y H Q S A L B Z H Q J C F C F Z B
O E J P F Q T Y X B D H W Q E J S V Z Y
F L P V B I S U D Z F C D O H K D Y O Q
V R Y C Q H G W B K X S W X T Y Z W P R
Z E U D G F C L Y V L I K D Y I T L J B
V Q C B V V I K Z X N E H P O J Q F E B
C G F Z Z B F X H C O L K C I F D P H N
T H D E L Z B I X F Q F Q X F A E B P X
```

FICKGROTTE
FICKLOCH
FICKSCHLITZ
FISCHDOSE
FLEISCHHARMONIKA
FLEISCHTASCHE

Lösung

W	M	S	L	U	N	M	H	X	L	B	Z	A	T	F	I	O	G	T	R
O	O	A	C	Z	Q	I	X	F	D	G	O	H	Y	O	X	V	R	T	D
M	N	S	S	F	W	A	H	C	J	C	A	V	E	S	K	Q	L	T	D
E	C	Q	A	T	V	D	I	Z	P	P	A	B	T	R	Z	K	Y	F	D
F	I	S	C	H	D	O	S	E	P	O	A	G	H	N	S	Z	J	R	F
N	T	Y	S	P	S	W	V	F	I	C	K	G	R	O	T	T	E	Z	N
F	I	C	K	S	C	H	L	I	T	Z	I	O	L	B	L	S	V	L	G
O	F	Q	J	Y	D	G	J	U	W	A	N	R	E	N	A	O	C	I	T
P	R	I	B	F	P	C	D	H	K	X	O	N	R	G	I	R	B	W	F
Y	L	K	P	B	Y	N	G	N	D	O	M	Z	L	Z	Y	C	Y	U	R
U	C	N	L	D	K	D	S	E	S	K	R	U	G	W	E	C	I	F	J
J	N	W	F	L	E	I	S	C	H	T	A	S	C	H	E	O	P	H	T
Q	W	O	Y	H	Q	S	A	L	B	Z	H	Q	J	C	F	C	F	Z	B
O	E	J	P	F	Q	T	Y	X	B	D	H	W	Q	E	J	S	V	Z	Y
F	L	P	V	B	I	S	U	D	Z	F	C	D	O	H	K	D	Y	O	Q
V	R	Y	C	Q	H	G	W	B	K	X	S	W	X	T	Y	Z	W	P	R
Z	E	U	D	G	F	C	L	Y	V	L	I	K	D	Y	I	T	L	J	B
V	Q	C	B	V	V	I	K	Z	X	N	E	H	P	O	J	Q	F	E	B
C	G	F	Z	Z	B	F	X	H	C	O	L	K	C	I	F	D	P	H	N
T	H	D	E	L	Z	B	I	X	F	Q	F	Q	X	F	A	E	B	P	X

```
J E W F W A S I V Y C R A V J Y A C F L
Q S P S Y X O K G M D K P S N Q L Y K K
D N U M N E L L E R O F J M Y N C E U G
D M U E C R I B C L Z V S Y H B D F C B
P H X C E O K K O W I H E B V T N B D G
G J V T V N J A N C N Y N O K Y E R V O
E T L A P S R E H C S T E L G S K W U A
R L E K W B I H G D M E T O L T I K V N
K O T N E H C S E O D G I N O H N A C O
I E T J R C V Z F P T P N B C X L E W I
W W O E O S C G J B K Q J M R P Q W B C
F E R W A E V W A Y M B P S D V B J R S
V N G Y V J L N T P E Z V F N O P E N P
T G S R O U O D P P V D I F M Z S S F S
A E E C C P Y H I G R A T O T N K E K S
J S B Y T R W Z P V K G P U R A M E Q M
X I E B W Q U C B X F N X N P B A M L D
W C I F R E U D E N G R O T T E U C B Q
V H L E J N N Q S G A F X R S J X M D P
V T P G V Z R L M F M L P F P Z Q A L X
```

FORELLENMUND
FREUDENGROTTE
GLETSCHERSPALTE
HONIGDOESCHEN
LIEBESGROTTE
LOEWENGESICHT

Lösung

```
E  V  O  L  F  G  G  C  P  S  M  B  L  G  V  P  J  F  A  G
X  U  H  S  I  N  Z  I  N  A  C  I  I  P  Q  L  T  J  E  F
I  Y  D  G  A  W  L  Z  X  C  E  H  G  K  U  O  N  B  F  V
K  X  M  Y  O  L  P  J  P  B  I  P  N  Z  Z  Q  D  H  K  I
J  Z  A  E  U  D  O  Q  E  C  H  W  Y  E  J  O  S  H  D  F
B  I  G  L  J  P  Y  S  Q  W  U  S  R  H  C  W  E  G  T  C
L  X  I  R  J  K  D  V  R  A  W  Y  O  G  X  K  L  O  Y  F
Q  S  S  I  G  R  U  G  C  C  R  F  Y  F  L  A  C  N  M  Z
A  A  C  T  E  J  P  E  H  J  C  P  S  T  R  Y  V  H  X  E
D  O  H  I  F  E  N  I  H  C  S  A  M  K  L  E  M  T  E  B
D  U  E  R  W  P  O  F  K  Z  J  W  E  H  G  Q  A  D  G  N
I  C  S  P  O  T  K  D  Q  W  A  I  G  E  M  J  U  W  N  W
K  O  L  U  H  J  K  A  Z  M  E  B  G  D  X  H  G  O  P  B
S  M  O  K  K  U  K  U  U  H  Y  H  S  S  V  Y  D  U  Q  U
I  X  C  R  B  V  R  Z  Z  U  O  M  T  V  W  K  Q  D  I  X
I  F  H  A  W  K  W  R  G  A  K  G  C  K  H  J  J  Q  D  G
P  M  Y  G  I  D  V  V  D  J  R  Y  X  Q  D  A  N  I  D  T
M  H  M  J  V  P  E  N  I  S  H  O  E  H  L  E  J  C  R  X
G  J  W  I  K  L  D  I  Z  X  S  E  Q  M  C  H  O  M  K  L
Q  X  K  F  B  R  V  I  F  T  O  G  L  G  K  H  P  W  W  X
```

LULLI

MAGISCHESLOCH

LIEBESDREIECK

MELKMASCHINE

PENISHOEHLE

SCHNECKCHEN

Lösung

```
E  V  O  L  F  G  G  C  P (S  M  B  L) G  V  P  J  F  A  G
X  U  H  S  I  N  Z (I) N  A  C  I  I  P  Q  L  T  J  E  F
I  Y  D  G  A  W  L  Z  X  C  E  H  G  K  U  O  N  B  F  V
K  X (M) Y  O  L  P  J  P  B  I  P  N  Z  Z  Q  D  H  K  I
J  Z  A  E  U  D  O  Q  E  C  H  W  Y  E  J  O  S  H  D  F
B  I  G (L) J  P  Y  S  Q  W  U  S  R  H  C  W  E  G  T  C
L  X  I  R  J  K  D  V  R  A  W  Y  O  G  X  K  L  O  Y  F
Q  S  S  I  G  R  U  G  C  C  R  F  Y  F  L  A  C  N  M  Z
A  A  C  T  E  J  P  E  H  J  C  P  S  T  R  Y  V  H  X  E
D  O  H  I  F (E  N  I  H  C  S  A  M  K  L  E  M) T  E  B
D  U  E  R  W  P  O  F  K  Z  J  W  E  H  G  Q  A  D  G  N
I  C  S  P  O  T  K  D  Q  W  A  I  G  E  M  J  U  N  W  W
K  O  L  U  H  J  K  A  Z  M  E  B  G  D  X  H  G  O  P  B
S  M  O  K  K  U  K  U  U  H  Y  H  S  S  V  Y  D  U  Q  U
I  X  C  R  B  V  R  Z  Z  U  O  M  T  V  W  K  Q  D  I  X
I  F  H  A  W  K  W  R  G  A  K  G  C  K  H  J  J  Q  D  G
P  M  Y  G  I  D  V  V  D  J  R  Y  X  Q  D  A  N  I  D  T
M  H  M  J  V (P  E  N  I  S  H  O  E  H  L  E) J  C  R  X
G  J  W  I  K  L  D  I  Z  X  S  E  Q  M  C  H  O  M  K  L
Q  X  K  F  B  R  V  I  F  T  O  G  L  G  K  H  P  W  W  X
```

```
A V S N Z H P R Z V U I D C A E J Q L O
H E N C E Q J J V R U C R P E E W C P P
M M L W H S S V D P P A X W T V M Z M H
V W U P Y W U S H C E B J C L W O H I S
Q Y G Y W A A T R M S I F T A I R A R P
K D P R F O Y N Z J N Z A G P U A Y N B
S E N L X Z Y B Z U B P M I S N D D U A
P D K Z J B Y X C G A M N X N K E O A U
H J C S C H Y S P K A T A W E V L F T Y
O K N A Y F V U Y W X R E T M J L W Q L
O V E O Q P T A S C Y G A P A U D L F C
S A H N E D O E S C H E N G S Y Y D H A
K S I A L R E P R M V B I A E Z F R Q C
M P A I M M H J X F E Y Q W G C Z Y F Z
Y H B W R U J D J T M H Y K Q Z P P P D
B A L L I M E N T E N F A L L E O J R F
K D A A U U D A W P C X H G O D O D R Q
W S U A H N E K C E N H C S E B L S O Z
W N A U J W V C X L F X T U F M P E B N
S J N J S H T H P Q N U A C X D J X U S
```

SCHNECKENHAUS
SCHWANZGARAGE
SAHNEDOESCHEN
SAMENSPALTE
ALLIMENTENFALLE
PERLA

Lösung

```
A V S N Z H P R Z V U I D C A E J Q L O
H E N C E Q J J V R U C R P E E W C P P
M M L W H S S V D P P A X W T V M Z M H
V W U P Y W U S H C E B J C L W O H I S
Q Y G Y W A A T R M S I F T A I R A R P
K D P R F O Y N Z J N Z A G P U A Y N B
S E N L X Z Y B Z U B P M I S N D D U A
P D K Z J B Y X C G A M N X N K E O A U
H J C S C H Y S P K A T A W E V L F T Y
O K N A Y F V U Y W X R E T M J L W Q L
O V E O Q P T A S C Y G A P A U D L F C
S A H N E D O E S C H E N G S Y Y D H A
K S I A L R E P R M V B I A E Z F R Q C
M P A I M M H J X F E Y Q W G C Z Y F Z
Y H B W R U J D J T M H Y K Q Z P P P D
B A L L I M E N T E N F A L L E O J R F
K D A A U U D A W P C X H G O D O D R Q
W S U A H N E K C E N H C S E B L S O Z
W N A U J W V C X L F X T U F M P E B N
S J N J S H T H P Q N U A C X D J X U S
```

38

Weitere Titel von Anna Lana

BSDM
WORTSUCHRÄTSEL
BUCH
für Erotik Fans

F*CK*N
WORTSUCHRÄTSEL
BUCH
für Erotik Fans

Penis
WORTSUCHRÄTSEL
BUCH
für Erotik Fans

Masturbation
WORTSUCHRÄTSEL
BUCH
für Erotik Fans

Kamasutra
WORTSUCHRÄTSEL
BUCH
für Erotik Fans

Swinger
WORTSUCHRÄTSEL
BUCH
für Erotik Fans

Vagina
WORTSUCHRÄTSEL
BUCH
für Erotik Fans